AF303032

FSC
www.fsc.org
MIX
Papier aus ver-
antwortungsvollen
Quellen
Paper from
responsible sources
FSC® C105338

Dezemberschnee

Bibliografische Information der Deutschen Nationalbibliothek: Die Deutsche Nationalbibliothek verzeichnet diese Publikation in der Deutschen Nationalbibliografie; detaillierte bibliografische Daten sind im Internet über http://dnb.d-nb.de abrufbar.

Impressum

Copyright © 2016

herausgegeben von

Sternen Blick
www.sternenblick.org
kontakt@sternenblick.org

Herausgeberin:
Stephanie Mattner

Coverbild & Bilder im Buch:
© Armgard Roehl
http://armgard-roehl-grafik-malerei.jimdo.com

Covergestaltung & Buchsatz:
Stephanie Mattner

Korrektorat: Lisa K. Bechter

Herstellung und Verlag:
BoD - Books on Demand, Norderstedt

ISBN: 978-3-7431-1487-6

In Gedenken an Michael Starcke –
einem begnadeten Poeten & herzensguten
Menschen, der leider zu früh gehen musste.

Alle Jahre wieder...

Stephanie Mattner

Der Baum wird zu Ende geschmückt – ein temporäres Kunstwerk in einer materiellen Welt. Letzte Einkäufe erledigt, Geschenke gepackt und dann die besinnliche Zeit des Jahres genossen. Die Zeit der Rückbesinnung und der Herzenswärme, der Nähe und des Gebens. Nicht jedoch für jeden Erdenbürger ist dieses Fest unbeschwert zu genießen. All jenen ist dieses Buch gewidmet.

In unserer Adventskalender-Aktion von 2015 konnten wir zeigen, dass nicht nur die klassischen Gedichte zu Weihnachten gehören, sondern dass auch zeitgenössische Autoren den Sinn dieser besonderen Zeit mit wachem Blick erfassen und gekonnt verdichtet wiedergeben können. Anlass genug dieser Aktion nun ein eigenständiges SternenBlick-Buch folgen zu lassen.

Berührende, zarte, aufwärmende Gedanken und Gedichte versammeln sich in dieser einmaligen Anthologie. Da wird im Schnee getobt, werden Plätzchen gebacken und Kerzen angezündet. Man sieht dann und wann sogar Spuren im Schnee und Engel, die die Erde geküsst haben. Dabei werden auch Themen fehlender Zivilcourage, Konsumzwang und Einsamkeit angesprochen, denn auch das gehört zur kalten Jahreszeit.

SternenBlick wünscht allen Lesern und Kindern, die der Erlös dieses Bandes zu Gute kommt, eine unbeschwerte Weihnachtszeit im Kreise ihrer Liebsten.

Ich verschenke mich

Jörg Krüger

Ich biete mich nicht feil,
nicht für Geld,
für Liebe nicht,
für nichts und gar nichts
auf der Welt,
alldieweil
ein großes Herz
die Welt umfängt,
ein Herz,
das nicht an Dingen hängt,
ich biete mich nicht feil.

Ich verschenke mich!

. . . und wenn ich mich einmal verneige,
dann neige ich mein Haupt
vor Lebenslust, vor Kinderlachen,
und ich schweige
von den Dingen,
die mir heilig sind,
und im Erwachen
bin ich selber Kind.

Ich verschenke mich!

Ich verschenk mein Herz
in aller Offenheit
und träume himmelwärts
und manchmal
tu ich weinen, weinen, weinen
vor lauter Glück,
von aller Angst befreit,
und aller Herzen Du
begegnen mir in Einem.

Ich verschenke mich!

ZeitGespinste

Marina Maggio

Siehst du das Netz dort
zwischen den Bäumen...
die geschäftige Zeit daran?

Sie webt ihre Tage gläsern...
holt die Stunden, die knarren
und knistern, unter der Baumrinde
hervor.

Siehst du die Minuten, durch
die der Wind fährt mit dem
gesammelten Hall der
Winterbienen?

Die Sekunden, wie sie tanzen
im Tau-Kleid der Knospen und
Flechten. Wie sie schmelzen auf
den Zeigern der Sonnenuhr?

Siehst du, wie der Himmel
sich öffnet...ein Trichter voll
nördlichem Weiß?

Die Augen des Falken schneien
auf uns, den Reisenden.

Entschleunigung

Francisco Cienfuegos

schnee besteht nicht
er kommt
kommtundtauchtunter
in den ritzen unvernarbter zeit
die pocht
undkommtund   übersieht
den kleinen tod der dinge
die der tag verschlang
und jetzt noch aus der ferne
so klein glitzern

schwindet unerschütterlich
das schweigsame schweigend
und es taucht auf, was dahinter ist
schneegefärbte stille
die alles hinter sich lässt
taube netzhaut aufschlitzt

bloß überdeckt
legt frei, schmilzt
das inwendige lauschen
kehrt sich um
ist nicht mehr rohdunkel
wenn er kommt

auf frisch gefallenem schnee
liegt nun brach der tag, der aus all den dingen
die in ihm verschlungen vergingen
entstand

Zwei Möwen

Elin Bell

Eiswind
flüstert im Strandhafer
über dem Meer
ein Hauch von zartem Weiß
Stille atmet tief
zwischen Worten
die schwer
in kalter Luft hängen

im leisen Auf und Ab der Wellen
zwei Möwen

Der Kristall

Jutta v. Ochsenstein

der kristall
der schneeflocke bleibt
und der mut des fallens

das grün
des wirren grases bleibt
und die hoffnung auf löwenmäulchen

mein gang
ist schwer
die zeit eisiges geröll

eine amsel
sucht beeren unter schnee
ich suche meine ränder

blicke stürzen
worte berühren
irgendwo erde

Die Erde verstummt

Anka Röhr

Die Erde
verstummt
die Farben schweigen
alles wird langsam
alles wird Lauschen
Weltentdecker werden
beim ersten Gang
durch den jungen Schnee

Dezemberschnee – frisch und neu

Florence Siwak

Die ersten Flocken – zart und scheu.
Sie schmelzen auf erhitzter Haut.
Dezemberschnee – so frisch und neu,
dass man verzückt nach draußen schaut.

Er ist besonders, dieser Schnee,
man ist noch nicht an ihn gewöhnt.
Wenn abends ich nach draußen seh',
dann staun' ich, wie die Pracht verschönt,

die grauen Straßen, kahlen Bäume,
die Autos tragen harsche Mützen.
Das ist der Stoff, aus dem sind Träume.
Am liebsten würd' ich ihn beschützen

vor jedem warmen Sonnenstrahl,
vor Füßen, die ihn grob zerstör'n.
Doch leider hab' ich keine Wahl,
auf mich, da will ja keiner hör'n.

Kann die Zerstörung nicht vermeiden,
drum schlüpfe ich in meine Schuh'.
Und muss die Flockendecke leiden,
dann störe eben i c h die Ruh'!

Der Wind und der Garten des Lebens

(Eine Wintergeschichte für kleine und große Kinder)

Johann Wolfgang Busch

Der Wind flog durch den Garten des Lebens.
Da sah er eine alte Eiche, die stand ganz still.
„Was machst du?", fragte der Wind.
„Ich übe mich in Standhaftigkeit", antwortete der Baum.
„Und warum tust du das?", fragte der Wind. „Davon wird man weise!", sagte die Eiche.

Da flog der Wind weiter zu den Blumen. Die bibberten und zitterten, denn der Herbst hatte den Garten des Lebens schon verlassen und der Winter spazierte mit knirschenden Schritten durch den Park.
„Was macht ihr?", fragte der Wind die Blumen.
„Wir üben uns in Demut!", antworteten die Blumen stolz. „Warum tut ihr das?", fragte der Wind. „Dadurch wird man weise!", sagten die Blumen, die schon ganz blau vor Kälte waren.

Da flog der Wind zu dem kleinen Teich in der Mitte des Gartens. „Was machst du?", fragte der Wind. „Ich übe mich in Bescheidenheit", antwortete der Teich.

„Warum tust du das?", fragte der Wind. „Davon wird man weise!", antwortete der Teich knirschend, denn der Winter hatte ihn mit einer dünnen Eisdecke schon fast ganz zugedeckt.

Da riss die Wolkendecke auf und mit den letzten Sonnenstrahlen des Jahres kamen tausende von Schneeflocken vom Himmel herab. Sie hatten weiße Kleidchen an und kicherten wie kleine Schneemädchen. Die Sonnenstrahlen ließen ihre Kleidchen golden funkeln, als wären sie zu einer Hochzeit geladen. Schon hatten sie den Wind an den Händen genommen und wirbelten mit ihm durch den Garten. „Was macht ihr?", fragte der Wind, ganz außer Atem. „Wir tanzen!", riefen die Schneemädchen und kicherten. „Wird man davon weise?", fragte der Wind. „Ob du davon weise wirst, wissen wir nicht!", riefen die Flocken, „Aber es macht ganz viel Freude!"
Da lachte der Wind und tanzte mit ihnen durch den Garten des Lebens... die ganze Nacht... bis zum nächsten Morgen.

Wenn Jahre träumen

Manuel Bianchi

Sommers Ernte eingefahren
neue Saat ist ausgestreut
müde sind die alten Knochen
Vater Zeit ist ausgelaugt

Braune Blätter fallen leise
bis der Ostwind sich erhebt
und sein Zahn die weite Landschaft
fein mit Raureif überweht

Selbst der Himmel ist ergraut
hinter Schleiern liegt verborgen
was die Tage uns erhellt
nur noch strahlt mit halber Kraft

Langsam übernimmt die Nacht
sanft schiebt sie den Tag beiseite
leise kriecht die klamme Luft
nichts verschont sie, Stein, Gebeine

Doch am tiefsten Punkt des Jahres
spürst du's jucken in der Nase
durch die Kälte hörst du's knistern
was sich Vater Zeit erträumt

Tief in deinen Knochen weißt du
längst schon was die Wolke trägt
schwanger mit der weißen Botschaft
bis das Kind zur Erde schwebt

Erste Flocken tanzen nieder
kleine Wunder aus Kristall
lachend geht der Blick nach oben
wo die Freude widerhallt

Schneeflocken

Monika Schmid

Flocken, weiße Flocken fallen,
dicht herab im raschen Tanz.
Legen auf der Bäume Krone,
sich als weißer Blütenkranz.

Und ich wate durch die Felder,
atme ein, und spür' und lausch',
wie ich mich ergeben aussetz'
dem eisig kalten Winterrausch.

Himmelsflocken auf den Wangen
fallen zärtlich, schmelzen zart.
So wie Diamanten glitzernd,
wenn vor Frost die Erd' erstarrt.

Ach, wie schön des Winters Schneeweiß,
das ihn heut so prächtig schmückt,
wenn aus dem azurnen Himmel
frostig seine Sonne blickt.

Und ich lass mich glücklich fallen,
in den glitzernd weißen Schnee,
seh' hinauf, die Wolken schwimmen,
in des blauen Himmels See.

Flocken, weiße Flocken fallen,
dicht herab im raschen Tanz,
und ich spüre diesen Zauber,
weißer, reiner Winterglanz.

Ein Winterbild

Michael Krause-Blassl

Bäume in Frost gehüllt
blauer, weiter Himmel dahinter
alles Land weiß bedeckt
..... es ist Winter.

Ruhig fließt ein Bach
von Schneerändern gesäumt
die Natur hält den Atem an
..... und träumt.

Strahlendes Sonnenlicht
bricht durch raureife Zweige
staunend verharre ich
..... und schweige.

Schattenspiele

Gudrun Heller

Die Wintersonne
wirft Deine Schatten
auf strahlend weiße Wände,
sie zeichnet
Deine Äste so klar,
als hätte sie Künstlerhände.

Und mit dem Gewirr
aus Schwarz und Weiß
lässt sie eine Schönheit entstehen,
die mich fast vergessen macht,
sie zeichnet hier nicht
das pulsierende Leben,
sondern sein Vergehen.

Melodie des Winters

Lydia Hanschkow

.

Warmer Atem
schmilzt zarte Eisblumen
an frostigen
Fensterscheiben.
Augenpaare tauchen ein,
in eine Schnee verzauberte,
Kristall angehauchte Welt.

.

Über Nacht,
hat Väterchen Frost
den Winter erhascht.

.

Bittersüße Sehnsucht
macht sich breit,
Gedanken fließen zurück
in die Kinderzeit.

.

So eine
Schneeballschlacht zu zwei'n?
Ja, warum nicht!

.

Flocken im Walzertakt

Heike Jacobsen & Jürgen Bernien

Eiskalt über Nacht,
erst wirbelnd,
dann sacht,

und schließlich
munter tanzend – völlig leis' –
stoben Schneeschleier im Kreis.

Walzertakt
führten die
einzelnen
Flocken vor,

dass ich am
Morgen mit
tänzelte
und nicht fror.

Eins, zwei, drei-
vierteltakt,
eins, zwei, drei,
Kreiseldreh,

eins, zwei, drei
und so fort
schwang ich im
jungen Schnee.

Rück- und Ausblick

Edith Hornauer

Der Tag war es, er trieb mich,
ins Schneetreiben hinaus.
Ich lief frierend,
mit allem Denken noch drinnen
draußen umher.
Wie zukunftsfroh sind zukünftige Zeiten?
Das Jahr schon alt, da gibt es kein zurück.
Wo nur sind die handfesten Gründe für Glück
in den endlosen Gedankenweiten?
Der Kalender allein schmal,
ohne Spannkraft
wie schlaffe Segel bei Flaute auf hoher See.
Ja. Ich geh' und komme doch nicht so recht
in Schwung, in Gang.
Mein Kopf ist noch drinnen,
dort, wo du bist –
nicht nur für ein Jahr,
nein, für ein Leben lang.

Frost-Schutz

Christian Baudy

Lass mich dich wärmen
sag ich zu mir
sag ich zu dir.

So begegnen wir
dem Gefrier-
Brand auf weiter Flur.

Das erste Mal

Annika Dirks

Staunender Blick. Zum Himmelszelt.
Wolkenverhangen. Grau.
Und doch:
Freudiger Unglaube. Ausgestreckte Arme.
Drehung um Drehung.
Kinderlachen.
Dann der Fall.
Gemildert, von einer weißen Decke.
Das Bad in den Flocken.
Bewegung.
Ein Engel wurde geformt.
Ein Engel aus Schnee.
Hastig sprang sie auf. Hüpfte.
Von einer Stelle zur anderen.
Ließ sich fallen.
Immer wieder.
Erschuf, Immer wieder. Engel aus Schnee.
So einfarbig. So kalt. So wunderschön.
Einmalig.
Glänzende Augen.
Vergessen.
Die Sorgen, die Ängste.
Nur das Hier, nur das Jetzt.
Die verträumte Sicht.
Auf die Wirklichkeit.
Die faszinierende,
Wunderschöne,
Wirklichkeit.

Spuren im Schnee

Gabriele Friedrich-Senger (gafrise)

Es war der erste Tag im neuen Jahr
vor langer Zeit,
als Winter noch ein Winter war
und alles tief verschneit.
Mein Sohn, er war noch klein,
wir gingen über schneebedeckte Felder,
vorbei an dunklen, stillen Wäldern,
im späten Wintersonnenschein
lichtweich...

Es war ganz still,
kein Lüftchen regte sich,
und wie's der Augenblick so will,
da fragt er mich:
„Können Engel auch vom Himmel fallen?"
Ich fühlte seine kleine Hand
sich in die meine krallen,
und sah in sein Gesicht,
verstand die Frage nicht,
nicht gleich...

Er zeigt auf einen Abdruck tief im Schnee,
ob ich denn auch die Flügel seh',
„Wo ist er jetzt?
Ist er verletzt?"
Mit seinen fragend' Kinderaugen,

die noch so frei für Wunder taugen,
war's ihm gelungen, mich zu locken
zurück in eine Welt
voll Engel und voll Feen,
die einst auch ich als Kind geseh'n...
und leise fielen ein paar Flocken
ganz weich...

Winterspiele

Petra-Marlene Gölz

Jetzt werde ich mittig in den Schneeball
mit beiden Händen
dein, eben gerufenes, Hallo
reindrücken
zielen
abwerfen;
im Atemhauch
geht Husten in Lachen über.
Meine Finger, den Fäustlingen entwachsen,
begreifen Licht und Zeit.

Die hellen Tage sind auf ewig
im Saum des alten Mantels gelandet.

Mich friert es kein bisschen.

Weiß auf Band

Ina Spang

Nie war ich sicher, nie zu vergessen
und nie war ich sicher, nie zu wissen,
wie es gewesen wäre, damals, ich wollte dich fangen,
doch ich tat es nie, bei der Suche nach all dem
– anderen.

Dezemberschnee unter meinen Füßen;
Vielleicht, weil ich von dir zu schreiben vergesse
und weil ich von dir zu hören vermisse,
gehe ich zurück.

Zu den 13 Studios, die ich einst mit Mühe
zu vergessen versuchte, doch ich tat es nie
und im Kopf für immer die Idee,
dich hörbar zu machen, Dezemberschnee.

13 Studios und darin ich mit der Bitte,
dass dein Zauber hörbar wird, Dezemberschnee
und du mich so auf immer tragen kannst
– und ein roter Knopf nimmt Weißes auf.

13 Studios und ich zeichne Tonspuren
von den Schritten der Kinder und ihrem hellen Lachen,
wenn die Flocken unter ihrem Schatten
immer wieder pulvrig knirschen.

Seitdem ist da sanftes Weiß, hörbar auf Band,
Dezemberschnee, damit wir uns auf immer finden können,
spüren können und du mich trägst,
bei der Suche nach all dem
– anderen.

Winterfassaden

Aufgehoben – von hier an
werden die Antworten über den
Horizont gedacht

himmelweit bleiben die
Tage und es verschiebt
sich die Stadt leicht seitwärts von
verbrauchtem Wissen über
empfindliche Haut

Toleranz unter
Winterfassaden

lies meine Hände die Worte
reichen nicht aus

Eiskristalle

Gnothiseauton

Kristallklares Heute.
Ein Zaubern.
Schnee verweht Gestern.
Es taut.
Schüttelfrost in mir.
Jasmin Tee wärmt.
Zuviel noch
an Kälte
Im Morgen.
Im Land.

Amsel im Schnee

Felicitas Fritzsche

Weiche kalte Stille
Wirbel von Weiß die
schmerzlos einschlagen
auf unseren Gesichtern

tiefes Atmen
gefrorener Erde
verlorene Formen
und wir wandeln alle
einsamer als sonst.

Dann du, klein
ganz entgegen-
gesetzt: schwarz
mit feurigem Schnabel

dicht im Gebüsch,
wir verharren beide,
deine Augen sind sehr klug.

Wir blicken uns an.

Du plusterst, ruckst
mit dem Kopf,
hellbraune Iris die
Geschichten erzählt
von viel mehr als ich weiß
von Wärme und Härte, von Leben und
unserer Ignoranz.

Auf winterlichen Wegen

Wolfgang Rödig

Eisige Lüfte traktieren die Haut.
Kalt weist der Grund meine Schritte zurück.
Treues Gefilde liegt kahl und ergraut,
sehnsüchtig fragend nach sommerlich' Glück.

Trag' es im Inner'n, gar rege verwahrt.
Wonniges Winken ziert blattlosen Strauch.
Schneegrauer Weg nimmt mich auf wie zur Fahrt.
Lieblich umsäuselt von frostigem Hauch.

Allein im Schnee

Dirk Juschkat

Allein im Schnee will ich zu dir,
die Flocken lautlos fallen,
über den Berg in dein Revier,
das mir am liebsten ist von allen.
Wie oft an einem Sommertag
bin ich hier lang gegangen,
doch so ich auch den Winter mag
hält mich nun Schnee gefangen.

Am Anfang lässt der Schritte Spur
noch deine Richtung sehen,
bald aber ahne ich sie nur,
weiß nicht mehr, wie zu gehen.
Der Wind stürmt kalt durch mein Gesicht
und Eis greift nach dem Herzen –
Bloß Winter? Du? – ich will das nicht,
verdränge solche Schmerzen.

Doch Kraft versiegt, und Glut erlischt,
der Glaube Hoffnung schwindet
wie eine Sandburg in der Gischt
des Meeres Schicksal findet.
So führt mich endlich von hier fort,
ihr göttlichen Gewalten –
allein im Schnee scheint nicht mein Ort,
vermag dich nicht zu halten.

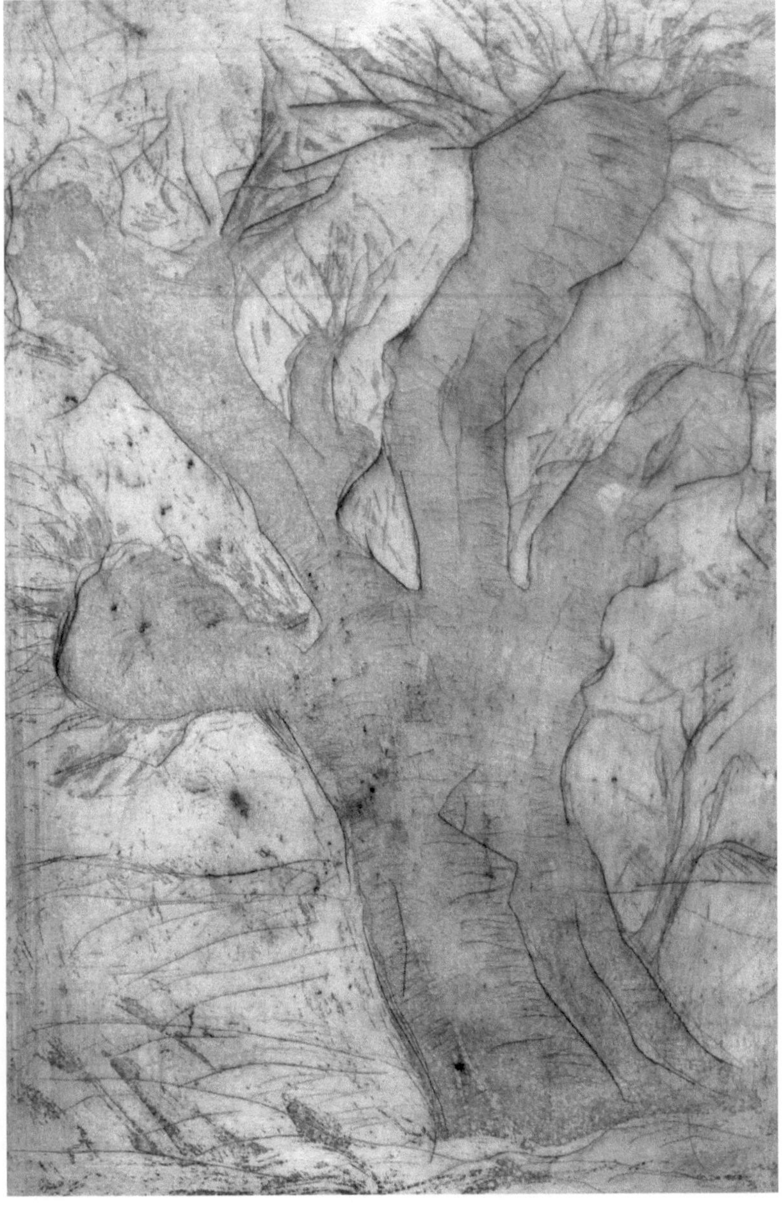

Von Thunfisch und Tannengrün

Nina Teller

Pulverschnee rieselte von Heinrichs Hutkrempe, als er das Eisentor aufzog. Zwischen knorrigen Eichen und immergrünen Sträuchern lagen mehr Freunde begraben, als er noch im Leben hatte. Im letzten Sonnenlicht des Tages glitzerte der Schnee auf den Grabsteinen wie Lametta auf Tannengrün.

Heinrich ließ den Blick über die eingeschneite Stadt im Tal schweifen. In den Fenstern strahlten Lichterketten, aus den Schornsteinen kringelten sich Rauchschwaden. Doch das war es nicht, das Heinrich dazu brachte, den Atem anzuhalten. Es war der Frieden, in dem das Städtchen ruhte. Es erinnerte ihn an Zeiten, in denen die stille Zeit des Jahres wirklich eine stille Zeit gewesen war. In denen er die Weihnachtsfreude noch genießen konnte.

Heinrich quälte sich durch den Schnee, der seine guten Schuhe bereits auf dem Weg zum Friedhof durchweicht hatte. Nichts würde ihn davon abhalten, bei seiner Familie zu sein. Er lehnte seinen Stock an die Hecke und ging mühsam in die Knie, um das Gesteck abzulegen. „Ich hoffe, es geht euch gut."

Mit steifen Fingern, die trotz Lederhandschuh eiskalt waren, wischte Heinrich den Schnee von den Messingbuchstaben. Elisabeth und er waren regelmäßig gemeinsam an das Grab gekommen, hatten Blumen abgelegt

und Joachim besucht, der mit zweiundzwanzig tödlich verunglückt war. Jetzt lagen sie beide hier – Mutter und Sohn – für immer vereint.
Heinrich verharrte in der Stille, Schneeflocken tanzten durch die Luft. Hier am Grab konnte er Frieden spüren, den er in seinem Haus, nicht mehr fühlen konnte. Es war der siebte Heilig Abend, den er alleine verbrachte, während seine Familie hier auf dem Friedhof lag, bedeckt unter zwanzig Zentimeter Schnee und umgeben von einer Stadt, die gemeinsam Weihnachten feierte.
„Ich liebe dich, Elisabeth."
Heinrich umklammerte seinen Stock, richtete seinen Mantel und machte sich auf den Heimweg. Da er nicht wusste, wann er es gesundheitlich schaffen würde, den langen Weg erneut auf sich zu nehmen, wurden seine Schritte schwerer und schwerer.
Er hatte ihr versprochen, sie niemals alleine zu lassen. Damals war er täglich fünfzehn Kilometer gelaufen, um bei ihr sein zu können, jetzt wurden knappe zwei Kilometer zur Hürde.

Kalter Wind brannte auf Heinrichs Wangen und seine Schritte waren nicht mehr als ein Schlurfen, als er endlich in seine Straße bog. Um Bäume und Sträucher gewickelte Lichterketten strahlten eine Wärme aus, die durch Weihnachtslieder aus hell erleuchteten Stuben unterstrichen wurde.
Nur sein Haus lag still und dunkel da.
Heinrich stampfte sich den Schnee von den Schuhen, dann blieb er regungslos stehen. War das ein Wimmern?

Er blickte sich um, doch konnte niemanden erkennen. Heinrich sehnte sich nach der warmen Stube und nach einer heißen Dosensuppe. Nein, er konnte es nicht ignorieren. Immer wieder innehaltend sah Heinrich zuerst auf der Straße und im Vorgarten nach, bis er sich zum Werkzeugschuppen vorgearbeitet hatte.

„Hallo? Ist da jemand?"

Er wollte gerade zurück ins Haus gehen, als er das Wimmern erneut hörte. Heinrich zog die Tür auf und drückte auf den Schalter der Werkstattlampe. Unter der Werkbank kauerte ein schwarz-weißes Kätzchen.

„Schon gut", flüsterte Heinrich. „Ich tu dir nichts. Hab keine Angst vor mir."

Auch wenn sein Knie das nicht wollte, ging er in die Hocke. Das arme Ding war total verängstigt und sah aus, als hätte es tagelang nicht richtig gefressen. Es musste schrecklich frieren.

Heinrich hielt ihm die Hand hin, ließ jedoch genügend Abstand, um das arme Wesen nicht zu verschrecken. Während er da hockte und wartete, zog ihm ein kalter Hauch vom offenen Fenster in den Nacken, durch das die Katze in den Schuppen gekommen sein musste.

„Weißt du, ich bin auch alleine. Aber ich habe eine Heizung, vor der du dich zusammenrollen kannst. Und im Schrank ist sicher eine Dose Thunfisch für dich."

Seine Stimme schien das Kätzchen zu beruhigen, doch es dauerte lange, bis es endlich aus seinem Versteck tapste. Ganz vorsichtig nahm Heinrich es auf seinen Arm und wärmte es unter seinem Mantel. Er brachte das Kätzchen ins Haus und drehte die Heizung so hoch, dass sie beide nicht mehr frieren mussten.

Soweit er es sehen konnte, war das Kätzchen zwar dünn, aber nicht verletzt. Es trug keine Marke. Heinrich stellte den Teller mit dem Thunfisch und eine Schale Wasser in die Nähe seines Sessels, dann streckte er seine Beine unter der Patchworkdecke aus, die seine Elisabeth für ihn genäht hatte. Er entzündete die Kerze auf dem Tannenzweig, der neben ihm auf dem Wohnzimmertisch lag. Mehr hatte er nicht für das Fest vorbereitet.

Tränen stahlen sich in seine Augenwinkel. Als das Kätzchen fertig war und sich an seine Füße schmiegte, konnte er sich nicht mehr zusammenreißen. Er hob es hoch, vergrub seinen Kopf im warmen Fell und erlaubte sich zu weinen.

„Danke", flüsterte Heinrich nach einer Weile. „Was hältst du davon, wenn du erst einmal bei mir bleibst?"

Das Kätzchen legte seine Pfote an Heinrichs Wange und zum ersten Mal seit vielen, vielen Jahren fühlte Heinrich sich nicht mehr einsam.

Am Ende des Abends holte er das Fotoalbum heraus und blätterte die Fotos aus einer Zeit durch, in der er mit seinen Lieben unter dem Weihnachtsbaum gesessen war und Lieder gesungen hatte. Er schaltete das Radio ein, kuschelte mit dem Kätzchen und spürte, dass er nicht für immer alleine bleiben musste.

Heute war die Weihnachtsfreude zu ihm zurückgekehrt.

Halt

Sigune Schnabel

Und immer geht mit dir ein warmer Hauch,
der sich um alle Dinge schmiegt und fast
vergessen lässt, dass unser Dasein Rauch
verströmt und flammt, mal stiller, mal in Hast.

Nun spür ich wieder, wie mein Wachs verbrennt,
und jedes Flackern fragt mich, wer ich bin.
Wenn nachts der Schein erst sichtbar wird, verrennt
mein Sehnen sich in wildem Freiheitssinn

und schlittert über Risse meines Lebens.
Im Boden suche ich das Rot, das mich
umhüllte, meinen Namen kennt. Vergebens.

Der Kerzenschatten wirkt jetzt wie ein Strich.
An manchen Tagen lege ich die Hand
aufs Wachs, als hätte es durch mich Bestand.

Winternacht

Johann Wolfgang Busch

Die Bäume stehen kahl,
Die Blätter liegen
Ohnmächtig da – ohn' Zahl
Und manche stieben,

Ein letztes Mal
Vom Wind empor gehoben –
Im weiten Tal
Von Nebelgrau durchzogen,

Sitzt Trauer still auf Zweigen.
Und verstummt –
Ein Reigen, ganz von Nebel
Eingemummt,

Singt in den Knospen, stille,
Von Verblühen,
Von eines Wunders Wille,
Zum Erglühen –

Dass Winternacht sich wärme
Durch Herzenslicht,
Und Geisteswärme die Sterne
Ins Dunkel der Nächte flicht.

Winterbild

Michael Starcke

vielleicht
könnte es sein,
dass die bäume,
dann, wenn sie kahl sind,
ihren großen charakter zeigen.
vereinzelt stehen sie
oder in gruppen,
den himmel geschultert.

die schönheit des kargen,
das noch etwas zu verschenken weiß,
ruhende, übereiste gewässer
zum beispiel
oder das tiefe weiß
des schnees.

bruchstücke die zäune,
keine grenzen mehr,
über die etwas
geschmuggelt werden müsste

wie die stille,
hingegeben dem schweigen,
in dem ich verharren kann
mit erhobenen armen
über musizierenden gräbern.

Eine Lichtung

Marlies Blauth

Mein Weg windet sich
durch Wälder aus Schwarz,
wo der Nachmittag Nacht ist.

Fast hätte ich nicht mehr geglaubt,
es zu finden: das Haus,
in dem ich geboren wurde,
als die Sterne hell waren –
meine Mutter sang mir ein Wiegenlied
und mein Vater heizte die Stube.

Der Tannenwald knackelt und haucht
kaltes Harz in die Luft aus Winter,
meine Handschuhe riechen nach Wolle;
die Stille des vorweihnachtlichen Tags –
so schön sie ist,
schmerzt sie doch eisig im Ohr.

Das Heimkommen ist eine Wärme,
ein Duft nach Zimtkipferl, Apfeltee
aus angestoßenen Tassen

Eine Kerze für jeden,
der unterwegs ist
am Heiligen Abend.

Winter

Barbara6491Schwarz

Blasse Wintersonne, schemenhaft im Nebel,
kraftlos, machtlos scheint sie durch den Dunst.
Dicker Raureif, starr, bizarr auf Strauch und Bäumen,
bildet er mit spitzen Nadeln feinste Kunst.

Kaum erwartet, trotzend Eis und Kälte,
bricht die Sonne durch, ganz sanft, verhalten,
und verzaubert diese weißen Eisskulpturen
mit geheimnisvollem Schein auf dunklen Baumgestalten.

Goldig überhaucht das Weiß im Licht erstrahlt,
ganz gebannt von Schönheit harrt man still,
bis allmählich wieder grau verdämmert
alles Licht, das man so gern erhalten will.

Dunkelheit schlüpft bald in alle Winkel,
und die Kälte kriecht durch Mark und Bein;
eilig flieht man aus dem eisigen Dunkel
ins gemütlich warme, helle Heim.

Ein Erwachen

Edith Hornauer

Aufwachender Tag fällt in den Schnee.
Ich setze leise die erste Spur
und komme den äußeren Dingen sehr nah.
Die Sonne lacht mich tief an,
den Wind höre ich flüstern.
Ich sehe dem Tag zu
wie er silbrig schimmernd erwacht.
In mir lacht das Leben.
Für diese Stunde
weiß ich
genug!

Winterfreude

Dörte Müller

Zugedeckt das Feld
es träumt den Wintertraum
Schnee liegt auf den Dächern
und auf jedem Baum
Sonne scheint so klar
wenig Stunden nur
Kitzelt meine Nase
Winterfreude pur

Schneestapfen

Melanie Völker

Dick eingemummelt in meinen blauen Anorak
spaziere ich, mit roten Wangen und tropfender Nase,
über das weiße Erdenblatt.
Male Winterspuren.

Jakobs Christkind

Gabriele Auth

Jakob kann nicht einschlafen. Er denkt an morgen. Die ganze Zeit. Das macht so ein kribbeliges Freudegefühl, dass das Schlafen einfach nicht kommen will.

Morgen ist Weihnachten, da kommt das Christkind und es soll doch Geschenke bringen. Vielleicht einen großen Bagger, oder sogar das Feuerwehrauto, das er im Fernsehen gesehen hat. Richtig fahren konnte das. Der Junge im Fernsehen hatte auf einen Knopf gedrückt und hui ist das Auto ta tü ta ta losgedüst. So eines wünscht sich Jakob. Dann ist er ein richtiger, toller Feuerwehrmann. Jetzt, wo er daran denkt, kann er erst recht nicht mehr einschlafen. Er öffnet die Augen.

Im Zimmer ist es heller als in anderen Nächten. Draußen schneit es. Dicke Flocken stubsen gegen die Fensterscheibe und der Garten ist bedeckt von einer glitzernden, weißen Schneedecke. Es sieht aus, als ob winzige blaue, rote und gelbe Lichter darauf flimmern. Jakob klettert aus seinem Hochbett und geht ans Fenster. Das Schneegestöber wird immer dichter. Schön sieht das aus.

In der Terrassentür des Nachbarhauses hängt ein Stern, der abwechselnd rot, gelb und blau leuchtet.

Ob die tanzenden Lichter im Schnee von dem Stern kommen?

Jakob will es genau wissen. Er zieht seinen Schneeanzug an, schlüpft in die warmen Winterstiefel und wickelt sich seinen Lieblingsschal um den Hals. Den hat Oma gestrickt und er ist bunt und weich wie das Fell von Titus, dem Kater. Am Haken hängt die rote Wollmütze. Jakob findet, dass sie sich kratzig anfühlt. Mama sagt, das wäre Quatsch. Mama muss die Mütze ja auch nicht aufsetzen.

„Jakob, setz deine Mütze auf", sagt sie immer und dann streiten sie ein bisschen und am Ende gewinnt Mama. Aber sie schläft jetzt und Jakob kann tun was er will. Er klatscht in die Hände und lacht. Seine Augen leuchten wie blaugrüne Glasmurmeln. Er öffnet die Tür, dreht sich noch einmal um, sieht auf das kratzige Ding, das einsam am Haken baumelt. Er geht zurück, nimmt Mütze und Handschuhe und steckt sie in die Taschen seines Schneeanzugs. Vielleicht braucht man ja doch eine Mütze, wenn man nachts in den Garten geht und es so stark schneit.

Im Haus ist es still. Man hört nur das Ticken der alten Standuhr, die im Wohnzimmer steht. Papa und Mama liegen schon lange im Bett.

Jakob ist ganz alleine wach.

Das ist noch nie passiert, aber heute ist eben ein besonderer Abend, der Abend bevor das Christkind kommt. Da kann alles passieren. Vorsichtig tastet er sich durch den dunklen Flur zur Gartentür. Beinahe wäre er über den Schirmständer gestolpert. Puh, das hätte einen Riesenkrach gemacht.

Die Tür zum Garten quietscht. Es hört sich an wie Titus, als Mama ihm mal auf den Schwanz getreten ist. Ob das Quietschen sie aufgeweckt hat?

Jakob bleibt stehen, bewegungslos wie ein Denkmal.

Das Haus ist immer noch still. Leise geht er hinaus vor die Tür. Schneeflocken schweben ihm ins Gesicht. Er fängt ein paar von ihnen mit der Zunge auf. Sie werden zu kleinen Wassertropfen, die ganz anders schmecken als Regen oder Wasser aus dem Wasserhahn. Sie schmecken nach Winter und Sternenluft.

Jakob sieht die Lichter des bunten Weihnachtssterns auf der zugeschneiten Wiese tanzen. Der Schnee glitzert, eine große weiße Fläche, die noch niemand betreten hat. Vorsichtig macht Jakob den ersten Schritt ins Weiß und noch einen und noch einen, eine lange Spur von Schritten bis zum Holunderbusch.

Aber was ist das?

Dort hinten, hinter dem Apfelbaum, ganz nah an der Hecke, da, wo das kleine Gartentor ist, hat sich dort etwas bewegt?

Jakob geht weiter. Er kneift die Augen zusammen und versucht zu erkennen was sich da bewegt hat. Da steht jemand und sieht zu ihm herüber. Jakob bleibt jetzt auch stehen. Seine Augen gewöhnen sich langsam an die Dunkelheit. Es sieht aus, als wäre da ein Kind an der Hecke. Jakob geht ein Stückchen näher, bleibt wieder stehen. Ja, es ist ein Kind, etwas kleiner als er. Es steht ganz still. Er geht noch näher heran. Jetzt sehen sie sich an, Jakob und das andere Kind, ein Mädchen in einem hellen, dünnen Kleid.

„Ist dir nicht kalt", fragt Jakob. „Du hast keine Jacke an."

Das Mädchen sieht ihn an und zuckt mit den Schultern. Ihre Augen sind dunkel wie die Augen von Jakobs Lieblingsteddy. Er geht noch ein Stückchen näher. Das Mädchen macht einen Schritt zurück und starrt ihn weiter an.

„Hallo, ich bin Jakob".

Sie klatscht in die Hände und sagt etwas in einer Sprache, die Jakob nicht versteht.

„Ich dachte, du bist das Christkind", antwortet er. „Du hast so ein schönes Gesicht. Und deine Haare und deine Augen leuchten." Er lächelt und streckt dem Mädchen die Hand entgegen. Sie legt ihre Hand in seine. Ganz kalt fühlt sie sich an. Jakob zieht die Handschuhe aus der Tasche. Den einen zieht er ihr über die kalte Hand. Dann hält er ihr den anderen hin und macht Zeichen, dass sie ihn nehmen soll. Sie nimmt den zweiten Handschuh und zieht ihn an.

„Shirin", flüstert sie, „ich Shirin." Dabei tappt sie sich mit der Hand auf die Brust.

Jakob versteht.

„Jakob", sagt er und zeigt mit dem Finger auf sich „ich bin Jakob".

Sie lächelt und er spürt wie sein Mund mitlächelt. Shirin nimmt ihn an die Hand und geht mit ihm durch das kleine Gartentor. Dahinter ist die große Wiese vom Turnverein. Das Mädchen zeigt auf die Turnhalle am Ende der Wiese.

„Shirin gehen" sagt sie.

„Du musst in die Turnhalle gehen?"

Sie nickt und sagt wieder einen langen Satz in der fremden Sprache. Dann geht sie weiter auf die Turnhalle zu. Jakob sieht ihr einen Moment nach.

„Warte", ruft er dann und läuft hinter ihr her „Shirin, warte."

Sie dreht sich um. Ihre Locken sehen ein bisschen nass aus, viele Schneeflocken haben sich darauf niedergelassen. Jakob nimmt seinen bunten Strickschal ab und wickelt ihn um Shirins Hals. Sie lacht. Da zieht er noch die rote Wollmütze aus der Tasche und setzt sie auf ihren Kopf.

„Das Christkind soll nicht frieren" sagt er und umarmt sie. Sie fühlt sich zerbrechlich, so als könnte sie kaputt gehen, wenn man sie in den Arm nimmt, leicht und dünn wie ein kleiner Vogel.

Sie schlingt ihre Arme um Jakob und küsst ihn erst auf die eine, dann auf die andere Wange.

„Ma as Salama" sagt sie. Dann läuft sie davon in Richtung Turnhalle. Jakob sieht hinter ihr her. So lange bis sie nicht mehr zu erkennen ist. Seine Augen brennen ein bisschen vom langen hinsehen. Er dreht sich um und geht zurück über die Wiese. Seine alten Fußspuren sind vom Schnee verwischt. In seiner Brust hat er ein flatteriges Gefühl, warm und schön. „Das Christkind heißt Shirin", flüstert er als er ins Haus geht.

Frostgeschwister

Maria Ribbe

Schneeweiß, kaltverweht
Malen wir Bilder ans Fenster,
Die außer uns keiner versteht,
Denn wir sind Frostgeschwister.

Wortloser Sinn – herzreflektiert –
Den wir bunt ohne Farben gestalten,
Bis unsere Welt damit harmoniert...
Obwohl wir ohnehin zusammenhalten.

Winterwärme

Marieluise Draxler

Was weckt mich hier zu früher Stunde?
Klingt wie Lachen aus Kindermunde,
begleitend hör ich noch etwas,
ist die Straße etwa nass?

Langsam muss die Decke weg,
danach ich meinen Körper streck,
und endlich schaff ich´s aufzustehen,
um nach des Lachens Grund zu sehen.

Der Vorhang weg, die Balken auf,
da fliegt auch schon ein Ball herauf,
dieser ganz aus Schnee gemacht,
von dem Kind, das dazu lacht!

Nach dem ersten Schreck sehr bald,
merke ich, es ist auch kalt!
Erst jetzt bekomm ich es gerafft,
Frau Holle hat den Schnee gebracht!

Der Kinder wundervolles Lachen
Lässt auch mein Herz nun erwachen,
wie warm es plötzlich in mir wird,
während draußen alles friert.

Winterwunderland

Ramona Ina Buggenhagen

Still, verhalten, verworren schweigend,
hüllt sich leis' der erste Schnee,
über Eiseskälte treibend,
vor dem alten Jahr verneigend,
sanft hernieder,
Zeit vergeht.

Und die kalten Winde schlagen,
machtvoll aus dem Wolkenmeer,
auf die erwachende Erde nieder,
Flötentöne stiller Winterlieder,
sanftmütig in Freudenherzen hinein,
knisterndes Kaminfeuer, mit hellem Schein.

Und in warmen Winterroben,
Schneehasen durch den Tiefschnee toben,
Hornschlitten über Pisten reiten,
und Skier durch die Wälder gleiten,
Schneefreunde treffen sich im Flockenschein,
dann kann das nur Winterfreude sein.

Mehlgestöber

Martina Decker

Kinderfüße zeichnen weiße Spuren
in der Stube, in den Fluren
Weiß klebt an den Kinderhänden
auf den Nasen, an den Wänden
Kinderlachen schallt durchs Haus
weiße Haare sehen lustig aus.

Draußen hat es auch geschneit
schöne weiße Winterzeit.

Eine ganze Welt zum Geschenk

Heike Jacobsen

Mikroskop im Kühlschrank,
Glasträger im Gefrierfach vorbereitet.
In Schal, Mütze, Handschuhen
Kinderzimmerfenster weit geöffnet.
Weiße Kristalle im Flug gestoppt.
Voll Staunen durchs Okular
in eine neue Welt geblickt.
Das war großes Abenteuer
mit 2 mm Durchmesser
und Action beim Tauen.

Hinter der Tür

Christiane Spiekermann

Franz und Lisa, festlich schick und fein,
wollen heut' beide ganz gehorsam sein.
Von Mutter gewaschen, gebügelt, notgedrungen
gestriegelt, in feinen Zwirn gezwungen,
schleichen sie sich neugierig vor die Tür,
so sind Kinder eben, können gar nichts dafür.
Nur mal einen Blick und nur ganz geschwind,
erst das eine und dann das andere Kind.
Nur nichts mehr riskieren heute Nacht,
nur einmal blinzeln so ganz sacht,
durchs Schlüsselloch einen Blick nur werfen,
bebend erschauern mit blanken Nerven.
Zuunterst die Lisa, auf dem Rücken der Franz,
die Beine zu kurz, noch zu viel Distanz.
Gleich kann er's sehen, gleich ist es soweit,
gewartet hat er die ganze Zeit
auf diesen einzigen Augenblick,
doch da geschieht schon das elende Missgeschick.
Er kommt ins Wanken, die Lisa fällt um
und auch der Stuhl, das Bild, das Terrarium
mit lautem Gepolter und mächtig Geschrei.
Da eilen auch schon die Eltern herbei.
Sie sind nicht bös', sie schimpfen nicht,
sie machen auch kein finst'res Gesicht.
Schmunzelnd sie ihre Brut betrachten,
denn schließlich ist heute Weihnachten.
„Wir beide können gar nichts dafür,
wir wollten nur wissen, was ist hinter der Tür."

Warten

Renate Maria Riehemann

Der Himmel hängt dezembergrau
und schwer auf matschig blassem Grün.
Den alten Nebelmann am Felde
sieht man krumm den Karren ziehn.

Der große, schwarze Baum am Rande
wartet nackt aufs Winterkleid.
Das fällt aus grauem Himmel balde
leicht und weiß zur Weihnachtszeit.

Nach Hause kommen

Ingeborg Henrichs

Dieses „nach Hause kommen" im Advent
ist ein anderes.
Unsichtbar eingefangen vom Wiederkehrenden,
dem jährlich sich Wiederholenden;
vorbei an Konsumterror, -zwang und -rausch,
im anderen Licht der Dämmerung,
der Hoffnung und Erwartung.
Dieses „nach Hause kommen" im Advent
ist ein anderes.
Abendhimmel, gemalte Ewigkeit,
überirdisch, paradiesisch, schönes Farbenkleid
geschmückt, wolkenfeder-leicht.
Klares, reines Firmament,
getauchte Stimmung im Moment;
Jetzt auf der Schwelle
zum beruhigenden Angekommen-Sein...
Dieses „nach Hause kommen" im Advent
ist ein anderes.
Die unsichtbare Gewissheit
ein Pendelschlag hin nach woanders ist möglich.
Verbunden, vereint im Atemzug – jetzt ist's
Glückseligkeit ohne Wollen und Verlangen.
Duft des Daseins strömt im Fließen und Bleiben.
Orange-rote Barken auf zartblau-silbernem Himmelsmeer.
Dieses „nach Hause kommen" im Advent
ist ein anderes.

Womöglich Schnee

Michael Starcke

womöglich schnee
in der luft, irgendeine ankunft,
die einen abschied
überlistet hat.

menschenleer
die straße vorm fenster,
lichterbögen hinter glas,
sterne, die von innen
heraus leuchten,

stille, die das vorwort
für weihnachten schreibt,
das bernsteinlicht erinnerung,
die das kind in mir
mit ungeahnten gedanken
zu überraschen versteht.

damals staunte ich nicht
schlecht über schneekristalle,
winzigste flugblätter
aus dem all.

damals biss ich
in rote weihnachtsäpfel,
poliert wie mamor,
ohne ein gefühl, mich
am paradies verschluckt zu haben.

Vom schweren Lametta

Stephanie Mattner

Ein Vermissen
breitet sich aus
wie Rumaroma.
Gedanken an
Lametta-Jahre –
das schwere aus Stanniol.
Geschenke packen
mit Opa, stolz
den Finger reichend
für die Schleife.
Omas Kittelschürze
mit Flecken verziert:
gekochte Kartoffeln und Majonäse.
Letzte Proben
für fremden Mann in rot.
Von Stollen übervoll.
Aschenbrödel gesehen –
Klein-Mädchen-Träume.
Dem temporären Kunstwerk
gehuldigt – Nadelduft und Harz.
Kampf mit der Lichterkette –
einen Knoten für jedes Jahr.
Schweres Lametta
tief gehangen.
Blei im Katzenmagen.
Ein Vermissen
hängt nach...

Advent und Jubeltag

Susann Kraft

Jedes Türchen birgt ein Hoffen,
dass es voll mit Süßem sei.
Jeder Tag liegt noch nicht offen
und wir blicken kindlich frei

durch den Spalt, der Licht verkündet.
Wunder-Raunen tritt hervor;
macht sich auf und plötzlich mündet
alle Nacht im Engels-Chor.

Das alte Karussell

Ingrid Herta Drewing

Lebkuchen duften, süßes Glück
die Zuckerwatte, weiß wie Schnee.
Ein Lichtermeer verwöhnt den Blick,
und Sterne funkeln in der Höh'.

Nostalgisch schön das Karussell
schickt kleine Pferdchen auf die Reise.
Es lässt sich Zeit, dreht sich nicht schnell,
und Lieder klingen lieblich, leise.

Ein Bild aus längst vergang'nen Zeiten
ruft mir Erinnerung zurück,
seh' mich als Kind dort mutig reiten,
begleitet von der Mutter Blick.

Wie schön, dass manches bleibt erhalten,
webt weiter diesen Kindertraum,
dass nicht nur Digital-Gestalten
wild flimmern unterm Weihnachtsbaum!

Vorweihnacht

Jürgen M. Brandtner

Es wär nun die Zeit für ein Weihnachtsgedicht.
Doch es zeigt, irgendwie, sich kein Weihnachtsgelicht.
Auch die Tanne, den Manne um gut einen Kopf
überragend, steht fragend noch draußen im Topf.
Die Makronen, sie thronen noch nicht auf dem Teller,
sondern warten versteckt, unentdeckt noch im Keller.
Und die Kugeln, die bunten, an Fenstern, bedeuten,
mit Glocken und Flocken gemeinsam, den Leuten
und mir, dass wir hier, in den kommenden Tagen,
von Blagen, nebst Eltern, Was-schenke-ich-Fragen
im Überfluss, dreist drum zumeist, nur hör'n werden.
Ach, Wohlstandsbeschwerden! – Ach, Weihnacht auf Erden!
Bist nicht mehr ein Lichtmeer aus leuchtenden Herzen.
Bist nur mehr Kommerz – mit bunt flackernden Kerzen,
mit Schnäppchen und Neppchen, mit Geld und mit Geiz.
Drum hat sich für mich längst der Vorweihnacht-Reiz
verloren. Den Toren verpflicht' ich mich nicht –
und schreib erst zu Weihnacht mein Weihnachtsgedicht.

Skizze

ZaunköniG

Der Heiligabend kommt doch ungelegen.
Was schenkt man nur? Hier steht er: kalt und steif,
nur ein elektrischer Kometenschweif
erwärmt zum Schein den feinen Nieselregen.

„Last Christmas" schrammelt's von den Glühweinständen
und er erwischt sich, wie er's leise summt,
obwohl er's gar nicht mag, und dick vermummt
die Losverkäufer ihre Zeit verschwenden.

Die Weihnachtsmänner der Verkehrsbetriebe
Beschwör'n das Schöne, Leckere und Gute
und irgendwo im festlichen Geschiebe
in dieser schrillen Konsumentenwelt,
erhascht ihn doch ein Lächeln, denn ihm fällt
ein Kinderlachen zu mit Schokoschnute.

Der Kuchen lebt – es glüht der Wein

Wolfgang Mach

In Marzipan gehüllte Worte
suchen gezuckerte Stunden
im Dezemberschnee
Dort wo Mandelduft am Himmelstor
hoffnungsvoll in stummer Fröhlichkeit
am Himmel lehnt
bläst spröder Wind Räucherkerzen an
Aus der Asche strömen heitere Gesellen
Im Hauch von Weihrauch
graviert der Atem einsame Eisblumen
Silberfäden glitzern im Fenster
Eiswimpern sehnen sich nach dem Weihnachtsmarkt
nach Lebkuchen und Glühwein
bei Bratapfelduft und Scherenschnitten
Es tanzen Lichtschatten
im Puppenhaus beim Karussell
Verloren der Duft eines Zimtsterns
Dann klingen Glocken kristallklar
in den Fugen des Echos.

Der Tannenbaum

Hannelore Furch

Am Marktplatz steht ein Tannenbaum
und reckt sich hoch empor
und wiegt sich sanft im Heldentraum
und lauscht dem Weihnachtschor.

Ein Stern aus Schnee tanzt froh heran,
gelockt von Lied und Licht,
doch mag die stolze Weihnachtstann'
den zarten Schneestern nicht

und setzt als schnelle Waffe ein
ihr warmes Lichterkleid
und bleibt die Sternenquell' allein
und liebt die Weihnachtszeit.

Winterlicht

Ephraim K.

Ich sah dein Dutt im Baume blinken,
gewahrt des Winters sanfte Zier,
die Haare klar im Silber winken
und deine Tauben neben mir.

Sie stillen meinen Durst nach Gnade
und von den Hälsen fließt dein Wort,
im Schimmer hoffnungsvoller Jade,
erglühend in den wärmsten Ort.

Ein weißer Hirsch wächst aus der Linde
und durch die Krone bricht ein Licht,
es nimmt den Wind sich sanft zum Kinde
und küsst mich schneiend ins Gesicht.

Wintermärchen

Arvid Zaremba (Melodichte)

Weiße Weihnacht wunderbar;
Wieder werden Wünsche wahr.

Wolken werfen wollig weich
Watteflocken wiegengleich.

Welche Wonne, weiße Welt;
Wohlgefall'nes Winterzelt.

Weiße Wege, weißer Wald;
Wanderstapfen widerhallt.

Wonneproppen wollen was
Wohlsein weckt wie Weihnachtsspaß.

Wichtel werkeln Weihnachtswaren,
Während Waise Werte wahren.

Wunden welken, Wärme wächst;
Wenig Wohl wird wertgeschätzt.

Wir wird wieder wesentlich;
Wintermär wie weihnachtlich.

Wieder wurden Wünsche wahr;
Weiße Weihnacht wunderbar.

Heilig Abend

Leonore Oestreich

Schon früh am Morgen war das ausgelassene Jauchzen der Kinder draußen auf dem Spielplatz zu hören. Es hatte endlich geschneit und eine feine Puderzuckerschicht bedeckte alles. Sie wollten einen Schneemann bauen, rollten kleine weiß-braune Kugeln über den Boden und liefen schnell nach Hause um eine Karottennase und Knopfaugen zu holen. Er saß in seinem Erkerzimmer und sah sich die Szenerie draußen an, auf seinem Schreibtisch ein aufgeschlagenes Heft, Füller und eine Tasse Tee. Er wollte etwas weihnachtliches schreiben. In schwarzen Mänteln eingehüllt zogen ein paar Männer saftig grüne Weihnachtsbäume auf Schlitten am Haus vorbei. Heute Abend würden sie festlich geschmückt in den Wohnzimmern der benachbarten Wohnungen stehen und die Kinder würden ehrfürchtig zum goldenen Stern an der Spitze des Baumes hinaufschauen. Er selber hatte als Kind Weihnachten immer geliebt, die freudige Erwartung auf diesen einen Tag im Jahr und schließlich das leckere Essen mit der Familie und nicht zu vergessen die Geschenke! Ja, Weihnachten war sein Lieblingsfeiertag gewesen. Mit einem Lächeln erinnerte er sich an seine unbeschwerten Kindheitstage zurück, damals war vieles noch so magisch, so unerklärlich gewesen. Wie oft hatte er sich gefragt wie das Christkind sich an den Eltern vorbeigeschlichen hatte um die Geschenke unter den Baum zu legen. Er hatte sich früher immer die buntesten und wildesten Geschichten dazu ausgedacht und jetzt? Was hatte sich geändert? Er war es. Mit einem Seufzer rutschte der Mann tiefer in seinen Lehnsessel hinein, die Tasse mit beiden Händen umschlossen. Er hatte sich verändert, war erwachsen geworden, hatte den Zauber der Kindheit hinter sich gelassen. Als er seine Leidenschaft, seinen Traum zum Beruf gemacht hatte, war er der glücklichste Mensch auf Erden gewesen, eine Zeit lang. Dann veröffentlichte er sein erstes Buch, Verlage wurden aufmerksam auf ihn, stellten ihm Ultimaten, engten ihn ein, ließen ihn die Freude am Schreiben verlieren. Wie oft wünschte er sich in seine Jugend zurück um das Leben, die Liebe, die Energie wiederzufinden? Viel zu oft. Der Schriftsteller rappelte sich auf, die Geschichte musste bis morgen fertig werden! Zu Weihnachten wollten die Leute etwas über Familie, Festlichkeiten und Schnee lesen und nicht über die melancholischen Gedanken eines alten Mannes. Ein wenig Tinte tropfte auf die leere Seite und breitete sich aus. Langsam färbten sich mehr und mehr Papierfasern blau. Es sah fast so schön aus wie die Eisblumen die das Fenster emporkletterten. Es war Nachmittag geworden und vereinzelt läuteten bereits die Glocken zum Weihnachtsgottesdienst. Er kippte das Fenster um die Glocken besser zu hören. Der Geruch nach Brennholz schwebte hinein, der Geruch nach frisch gefallenem Schnee. Es würde dieses Jahr weiße Weihnacht geben, nach so langer Zeit. In Gedanken sah er seinem Atem nach, der sich wölkchenförmig nach draußen verflüchtigte. Eine Schneeflocke müsste man sein, identisch mit den anderen im Schneesturm und doch ganz besonders, nur getragen vom Wind. Einfach dahin wo es geht, wo es einen hinweht. Es wurde gesungen. Aus weiter Ferne drang eine Melodie an sein Ohr, er kannte das Lied. Hätte er sich auf den Gesang konzentriert, so hätte er wahrscheinlich mitsingen können. Er tat es nicht. Es fing an zu dämmern und der Schnee strahlte den Menschen hell entgegen, die nun alle nach verrichteter Tat nach Hause strömten um sich mit dem schönen Teil des Tages zu begnügen. Nach einer Weile war alles wieder still. Ab und zu vielleicht Gelächter, Gläserklirren, aber sonst war alles unter einer weißen Decke des Schweigens verhüllt. Der Tee war kalt und schmeckte nicht mehr. Er stand auf, musste sich nun einen neuen Tee machen, wollte das Erkerzimmer gerade verlassen, als die Laternen, einer nach der anderen angingen. Er hielt inne, betrachtete das Schauspiel vor seinem Fenster. Feine weiße Flocken, die im Schein der Straßenlampen miteinander tanzten. Und im Lichtstrahl einer Laterne standen zwei junge Menschen, eng umschlungen, ebenfalls den Moment genießend. Er vergaß den Tee, setzte sich zurück an seinen Arbeitsplatz und fing an zu schreiben.

Ochs und Kind

(Eine kleine Stallgeschichte)

Susann Kraft

Der Ochse sprach zum Eselsmann:
„Jetzt sieh dir die Bescherung an!
Da liegt ein Kind in uns'rer Krippe!
Die traute Welt steht auf der Kippe.
Los, rück mal näher ran!"

Freund Esel schüttelte die Strähnen:
„Muss ich's dir echt nochmal erwähnen?
Das ist doch der, den sie verkünden
als neues Licht, uns zu entzünden!
Er kommt mit Himmelsplänen."

„Ah so…" der Ochse schwieg und starrte
auf's Retter-Kind. Sein Bauch beharrte
noch störrisch auf ,nem Festtags-Futter.
Doch dann sah er den Blick der Mutter,
und alles in ihm scharrte

sich plötzlich irgendwie zum Danken.
Die Welt war wirklich satt am Wanken!
Doch friedlich auch; das Kind – es lachte.
Und wie der Ochs es ganz bedachte,
da konnt' er nicht mehr zanken.

So standen Ochs und Eselsmann
im alten Stall, so ganz im Bann
des Wunders in der Futterkrippe;
die Welt noch immer auf der Kippe.
Und rückten näher ran.

Weihnachtswunsch

Iris Köhler-Terz

Weihnachtsabend ist schon da,
schneeverbrämt der Himmel.
Still der dunkle, weite Wald.
In der Stadt – Gewimmel.

Frost hält alles in der Hand,
Schlote atmen Rauch,
Fenster blitzen, schön geschmückt,
ganz nach Weihnachtsbrauch.

Gehe langsam durch die Stadt,
kalt der Flocken Kuss.
Weihnachtsmarkt mit Glühweinduft.
Himmlischer Genuss.

Wie ein Mantel senkt sich nun
Weihnachtsnacht hernieder.
In den Häusern klingen leis'
altbekannte Lieder.

Stiller Friede legt sich sacht
auf die ganze Welt.
Schade das dies leider nicht
Ewigkeiten hält.

Tag der Liebe

Hans - Georg Wigge

Taumelnd sinken Flocken nieder,
Kinder öffnen früh die Lider,
freuen sich, es ist so weit,
endlich Schluss mit Wartezeit.
Kerzenschimmer, wohlig warm,
Wintermorgen voller Charme,
Kinderaugen, randvoll Glück,
bringen alte Zeit zurück.
Lichter spielen an der Decke,
Plätzchenduft in jeder Ecke,
warme Brötchen, warme Herzen,
lassen kurzen Schlaf verschmerzen.
Leise rieselt draußen Schnee,
drinnen wärmt Kakao und Tee,
froh erklingt ein Weihnachtslied,
Gemütlichkeit, wohin man sieht.
Frieden streift ganz kurz die Welt,

die mit Hetzen innehält
und die Kinder könnten schwören,
dass sie leise Glocken hören.
Letzte Nüsse in die Schale,
letzte Weihnachtsrituale,
Bäumchen leuchtet voller Pracht,
sie kann kommen, stille Nacht.
In den Zimmern Bratenduft,
Weihnachtsknistern füllt die Luft,
endlich ist es dann so weit,
die Bescherung steht bereit.
Fröhlich packt man Gaben aus,
Freudenschrei, Spontanapplaus,
glücklich leuchten Kinderwangen,
in der Kugeln Glanz gefangen.
Dann heißt es am Festmahl laben,
Kinder, die kein Sitzfleisch haben,
pendeln zwischen Tisch und Baum,
Hunger haben sie heut´ kaum.
In die Messen streben Leute,
selten sind sie voll wie heute,
an diesem wunderbaren Tag,
den jeder, der ein Herz hat, mag.
Durch Schnee und Eis zurück nach Haus,
noch etwas Wein, die Lichter aus,
die Kinder geben endlich Ruh´,
die Elternaugen fallen zu.
Der Frieden dieser stillen Nacht
begann in heller Festtagspracht.
Und nimmt die Welt das Licht der Kerzen,
für jeden Tag mit in die Herzen,
dann wird die Zeit, die alle eint,
die Spur, wie Gott den Menschen meint,
dann reichen wir dem Leid die Hand
und niemand steht allein am Rand.

Gedanken am Rande...

Sabine Fenner

Alles, was jetzt geschieht
Angefüllt mit Frohsinn
Lachenden Kinderaugen

Selbst in den Gesichtern der Alten
Die irgendwo warten
Im Gedächtnis noch die Weisen

Und wir öffnen die Börsen
Nicht alle sehen ins Licht
Manchmal denken wir anders

Die Glut der letzten Kippe

Melanie Marlene Müller

Der Wind pfeift durch die Straßen seine Lieder.
Die Bäume sind schon kahl, der Himmel grau.
Ein Mann legt sich auf eine Stahlbank nieder.
Die Lippen von der Kälte dunkelblau.

Zwei Tüten und ein Rucksack voll mit seinem Hab und Gut.
Ein alter Mantel ziert seine Gestalt.
Auf seinem Kopf prangt voller Stolz ein eingestaubter Hut.
Die Glut der letzten Kippe küsst Asphalt.

Das Knistern des Kamins flutet die Zimmer.
Der Schein der Kerzen spendet warmes Licht.
Am Fenster eine Frau, sie raucht, wie immer.
Ihr Blick ruht auf der Bank mit dem Gesicht.

Ihr Herz wird felsenschwer und ein paar Tränen fließen still.
Und plötzlich wird auch ihr ganz eisigkalt.
Das Abendessen fällt heut aus, weil sie es nicht mehr will.
Die Glut der letzten Kippe küsst Asphalt.

In dieser Nacht wird die Welt sich weiter dreh'n.
Und dann am Morgen wird sie zu dem Mann
hinunter auf die Straße geh'n und wird seh'n,
dass er nicht mehr auf der weißen Stahlbank liegt.

Im Schnee noch frische Spuren und ein Ast biegt
sich im Wind, als ob er eine Botschaft an sie überbringen will.
Und sie nimmt wahr wie blaues Licht verhallt.
Die Glut der letzten Kippe küsst Asphalt.

Als ich eine Schneeflocke war

Tanja Sawall

Schon als kleiner Eiskristall träumte ich davon, auf die eine große Reise zu gehen. Denn da, wo ich herkomme, werden seit jeher fantastische Geschichten erzählt. Man werde tanzen, hüpfen, umher wirbeln… wie der Inbegriff an Euphorie. Man müsse sich jedoch mit Anderen verbinden, wolle man wachsen. Dann ändere man obendrein seine Farbe von durchsichtig zu weiß, heißt es. Nach der Landung bedecke man alles und jeden. Der eingehüllte Landstrich wirke dann so, als sei Milch oder zuweilen gar Frischkäse ausgekippt worden. Den Menschen bringe man Vergnügen, Entzücken, Labsal, sei ihnen eine Augenweide. Größtenteils zumindest. Gut, den Kleinen ganz sicher. Sie spielen mit uns, formen uns zu Bällen und Schneemännern oder rodeln auf unseren Rücken die Hügel hinab. Manchmal naschen sie sogar von uns, obwohl wir kalt und nass sind – und vergänglich. Wir schmelzen in ihrer Nähe, ihre Wärme ist unser Untergang.

Das soll es aber wert sein, vertraue man den Legenden. So falle die Begrüßung stets jubelnd aus, die Arme und Gesichter freudestrahlend gen Himmel gestreckt. Tatsächlich treffen wir aber auf geschützte, zu Boden geneigte Köpfe mit vergrämter Mimik. Sie schippen uns von Gehwegen, kratzen uns von ihren Vehikeln und behaupten dennoch, wie romantisch es mit uns sei.

Gerührt und doch verwirrt über diese Gegensätze, möchte ich mir nun mein eigenes Urteil bilden und setze meine Expedition neben vielen anderen Flocken fort. Der Ritt auf dem rauen Dezemberwind macht es uns leicht. Eine Weile schweben wir in der Atmosphäre und betrachten alles von oben. Die Lichter der Stadt blinzeln durch unsere nebulösen Tänze hindurch.

In diese malerische Szene schiebt sich das Bild eines alten Mannes, der laut meiner Ahnen seit Jahren die gleiche Bank bewohnt. Im Sommer falle er nicht besonders auf. Doch jetzt, inmitten dieser kalten Winterfarbe, ist sein schäbiger Mantel besonders markant. Tag für Tag sehen wir unzählige Menschen vorbeigehen. Keiner bleibt stehen. Niemand interessiert sich für ihn, den Mann mit den traurigen Augen, in Falten eingebettet. Die weisen Worte, die zwischen den tiefen Furchen seines aschfahlen Gesichts herausdringen, ersticken in seinem lang gewachsenen, krausen Graubart, bleiben ungehört. Zum Wohlgefallen der vorbei eilenden Passanten. Schließlich sind es doch nur betrunkene Sätze, die eher Angst einflößen, als dass man ihnen zuhören möchte.

Ich entschließe mich, es anders zu machen und ihm ein paar Minuten meiner kostbaren Zeit zu widmen. So segle ich um ihn herum und lausche dem warmen Klang seiner sonoren Stimme. Es scheint, als spreche er direkt mit mir: „Der Herbst hat sich zur Ruh gelegt, der Frühling schläft noch unter Deinem Kleid. Fast wie im Geheimen: Winter, diese leise Zeit. Einzig lautes Kratzen, wenn der Nachbar fegt. Kristalle tanzen in der Luft, still, ganz still, ja fast schon dumpf. Als wär ein jeder

Schall verschluckt, nur das Knarzen auf den Wegen lässt Schritt um Schritt wie Leder klingen. Baumwollknospen reifen wohl an Bäumen. Dort am Wegesrand, der einst voll sattem Grün, liegt nun ein Schneeengel verlassen. Alles glänzt in purem Weiß, hier und da ein wenig grau. Dächer, wie verschmolzen mit den Wolken. Momente, eingefroren – unter Eiszapfen, die wie Kronleuchter lodern. Dereinst im Schnee gestöbert: fröhliche Kinder..."

An die bangen, abschätzigen oder angeekelten Blicke hat er sich mittlerweile gewöhnt, schlimmer sind die, die ihn absichtlich nicht sehen...
Aus welchem Grund schaut niemand hin? Warum hört keiner seine Poesie? Ich male mir aus, wie er wohl nach einem heißen Schaumbad im roten Mantel mit entsprechender Mütze aussehe; wie Mütter ihre Kinder zu ihm schicken, damit er ihnen Geschichten erzählen und sie nach ihren Wünschen fragen kann, während die kleinen Racker glückselig auf seinen Knien sitzen. In der realen Welt werden sie eher auf die andere Straßenseite gezerrt.

Allmählich spüre ich, wie meine Dynamik abflaut und ich zu taumeln beginne. Mein Ausflug wird bald enden, der Wind kann mich kaum noch tragen. Doch ich bemühe mich, so lange wie möglich in der Luft zu bleiben, um einen besonderen Platz für meinen Lebensabend zu finden. Dort, auf seiner Nase... hier lasse ich mich nieder und leiste dem alten, einsamen Mann noch ein paar Sekunden Gesellschaft, bevor gleich meine Zeit mit mir verrinnt – und ich bilde mir ein, ihn für einen kurzen Moment lächeln zu sehen.

Er verweilt auf seiner Bank in der schmuddeligen Kleidung und dem ungepflegten Bart, während er leise von seinen Erfahrungen und den Beobachtungen erzählt, die das Leben vor seinen Augen abspielt. Er sitzt dort 364 Tage und Nächte im Jahr. Nur an Heilig Abend sieht man ihn nicht...

Schnee

Gerhard Falk

Der Schnee deckt manches zu,
was mich nicht ruhen lässt.
Er lässt mir Zeit und Ruh,
und Freude auf das Fest.

Zarte Flocken gehen auf die Reise,
schweben durch die Winterluft.
Und auf wundersame Weise
schließen sie die Sorgenkluft.

Stille liegt jetzt über'm Land,
auch die Nacht wird hell.
Heimliche Spuren, die ich fand,
trugen warmes Fell.

Nichts soll dies Lied zerstören,
das mich im Innersten durchdringt.
Nur für kurz möchte ich hören,
wie schön es jetzt im Winter klingt.

Hingebrockter Schnee

Michelfritz

Hingebrockter Schnee
belegt die Stimme,
summe ich dich in Schlaf –

ins Trottoir geträumt
folgen mir Lawinen,
wolfgepelzt, erschienen
dir die Krumen Brotes
als Zeichen der Wege,
die wir versäumt –

abseits der Stege,
auf der Schnee sich häuft,
verliert dein Schweigen
meinen Schal –

durch die Spuren läuft
ein stummer Sänger.

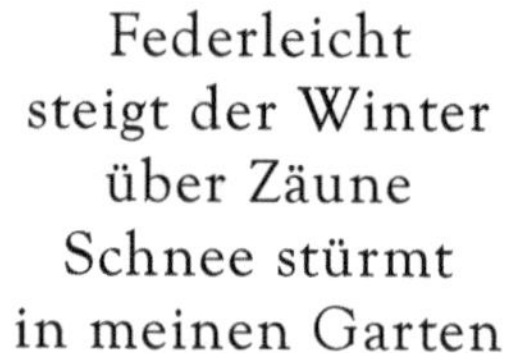

Weißes Schweigen

Heike Kreitschmann

Federleicht
steigt der Winter
über Zäune
Schnee stürmt
in meinen Garten

Im Flockengestöber
sitzt eine Amsel
aufgeplustert
trotzt sie dem Treiben
Schwarz auf Weiß

Bäume verwehen
im Schneefall
während
deine Spuren
in ihm ertrinken

Winterweinen

Harald Kappel

Manchmal ist man gehörlos
verliert die zarten Zwischentöne
und Farben werden zu
hell und dunkel
der süße Pfeil bitterer Wahrheit
weist in die kalte Zeit
es riecht nach Metall
bis die alte Sonne das Eis taut
und kleine Blüten der Hoffnung
von silbernen Tellern
in unsere verschlossenen Augen fallen

Winternacht

Volker Rubin

Die raue Nacht umarmt die tief verschneiten Wiesen,
der Winter überzog das Land mit kalter Haut.
Die kahlen Bäume gleichen dickvermummten Riesen,
auf Feld und Wald schluckt weiße Last fast jeden Laut.

Der Winter überzog das Land mit kalter Haut.
Im Schein der Lampen seh' ich tausend Flocken stieben,
auf Feld und Wald schluckt weiße Last fast jeden Laut.
Gleich Riesenschleiern wird der Schnee vom Wind getrieben.

Im Schein der Lampen seh' ich tausend Flocken stieben,
ich schlag den Kragen hoch und stapf gebeugt voraus.
Gleich Riesenschleiern wird der Schnee vom Wind getrieben,
im fahlen Licht sieht alles wie verzaubert aus.

Ich schlag den Kragen hoch und stapf gebeugt voraus.
Die kahlen Bäume gleichen dickvermummten Riesen,
im fahlen Licht sieht alles wie verzaubert aus.
Die raue Nacht umarmt die tief verschneiten Wiesen.

Stadt im Winterzauber

Margit Weith

Schneebedeckte Dächer glitzern,
Durch den Sonnenstrahl geweckt,
Meisen hüpfen auf Balkonen,
Haben Futter dort entdeckt.
Knirschend stapfen schwere Stiefel
Durch die Straßen, tiefverschneit,
Eiskristalle an den Fenstern,
Haselstrauch im Winterkleid.
Doch die schwache Sonnenwärme
Währt nicht lang, der Tag weicht bald,
Ganz von Dunkelheit umfangen
Taucht die Stadt in Nachtgestalt.
Nur in Fenstern leuchten Lichter,
Man trinkt Tee im Kerzenschein,
Sehnsucht nach vertrauter Nähe
Dringt in alle Herzen ein.
Sterne wachen trotz der Kälte
In der langen Nacht voll Frost,
Und ihr Licht birgt leise Hoffnung,
„Nichts währt ewig", heißt ihr Trost.

Stadt in Flammen

Jürgen M. Brandtner

Bäume brennen in den Straßen,
in den Gärten, auf Balkonen.
Kerzen brennen vor den Nasen
kleiner Kinder, die da wohnen.

In den Fenstern brennen Kränze,
zwischen Häusern die Girlanden.
Weihnachtliche Feuertänze,
die an allen Ecken branden.

Später würde Meier sagen:
Fasst man Weihnachten zusammen,
stand nach sechsundzwanzig Tagen
unsre ganze Stadt in Flammen.

Doch als wir dann Bach gesungen,
Zion-Quarten, Hirten-Terzen,
schlugen uns die Feuerzungen
nur mehr heiß in unsern Herzen.

Heilige Nacht

Mirani Meschkat

und nun ists nacht.
in einem korb aus licht
ist sie erblüht.
geweihter kerzenschein,
so liebreich quellend,
übervoll...
es thront der mond,
sein seidnes gold
schwimmt weich
auf dunklem herzensgrund,
und jeder wimpernschlag
streut neue sternenchöre...
eisblumenfelder zwischen
freudentränen.

Der Baum soll brennen

Peer de Beer

Der Baum soll brennen
Und zwar lichterloh
Von der Freude künden,
Dass nichts mehr gilt,
Weil es noch gestern war,
Und dass alles was wird
So viel heller scheint
Wie das Vorher vorher dunkel war.

Der Baum soll brennen
Und zwar lichterloh,
Mit seinen Flammen künden
Von einem neuen Ja,
Das sich herzhaft
An dem alten Jammern reibt
Mit neuer Kraft durch dürre Äste
Bald wilde, schöne Blüten treibt
Ja! Der Baum soll brennen
Und zwar lichterloh!

Zauberhafter Glaube

Katja Decher

In verzauberter Nacht.
Funkelnde Sterne.
Glaubst du noch?
flüstern sie.

Funkelnde Sterne.
Öffne dein Herz,
flüstern sie.
Wunder geschehen.

Öffne dein Herz.
Wünsche werden wahr,
Wunder geschehen.
Wenn du daran glaubst.

Wünsche werden wahr,
in verzauberter Nacht.
Wenn du daran glaubst.
Glaubst du noch?

Macht der Sehnsucht

Monika Piller

An einer Straßenecke
wacht stumm ein kalter Mann.
Er rührt sich nicht vom Flecke
und schaut die Häuser an.

In bunt geschmückten Zimmern
zieht leis die Weihnacht ein.
Sieht Kerzen golden schimmern
und kann doch nicht hinein.

Er fühlt sich so alleine
an diesem kalten Fleck
und denkt: Hätt ich nur Beine,
dann ginge ich hier weg.

Am Fuße einer Linde
steht stolz und etwas schief,
gebaut von einem Kinde,
die Frau, zu der er lief.

In ihrem kalten Herzen
fühlt sie genau wie er.
Und wünscht sich voller Schmerzen:
Ach käme er doch her!

Die Nacht färbt alles dunkel
und unterm Sternenschein
hüllt eisiges Gefunkel
die zwei Verliebten ein.

Am Fuße einer Linde
steht froh ein weißer Mann.
Fest lehnt im kalten Winde
sich eine Schneefrau an.

Vielleicht wird jemand fragen:
Was ist hier nur gescheh'n?
Wen keine Füße tragen,
den lässt die Sehnsucht geh'n.

Heißer Schnee

Karin Hufnagel

Ärgerlich, dass sie vergessen haben, mir einen Mund zu modellieren. Kieselsteine wären gut gewesen. Dann hätte ich reden können. So kann ich nur denken. Meine Nase ist schön - gelb und rübenlang. Ich rieche damit den Winter. Und ich sehe ihn. Mit meinen Kohleaugen schaue ich in eine herrliche Winterlandschaft, weiß und flockig und kalt.

Ja, ich sehe sogar die Kälte. Eiszapfen, hangeln sich als glitzernde Girlanden die Dachrinnen entlang. Ich könnte sie mit meinem glühenden Blick schmelzen. Wenn ich wollte. Bei diesem aufregenden Gedanken schlägt mein Herz warm und schnell in meiner kugeligen Brust.

Doch da stürmen sie schon wieder heran. Die laute bunte Schar. Vielleicht bekomme ich jetzt einen Mund. Hoffnungsvoll starre ich der Meute entgegen, die in dicke Schals, Mützen und Handschuhe gehüllt ist. Doch sie denken gar nicht daran. Eifrig rollen und kugeln sie neue große Schneekugeln und stellen sie lachend neben mir auf. Ich traue meinen Augen nicht. Sie schenken mir eine Schneefrau. Und sie bekommt das, was ich so heiß ersehne. Einen wundervollen Mund aus kleinen Steinen, der zum Reden einlädt. Die Glückliche!

In ihr rundes Gesicht stecken sie eine rübenlange Nase. Und dann – was für eine Katastrophe – haben sie nur ein Kohlestück, das sie ihr Mitten auf die Stirn drücken. Eine Einäugige – ein Zyklop. Aber ich habe keine Wahl, ich werde sie lieben. Sie ist schön. Sie ist die Schönste. Sie ist die Einzige. Weit und breit. Johlend und grölend zieht die kleine Gruppe wieder ab. Sie verschwinden einfach in ihren Häusern. Sie haben mich vergessen.

Wir sind allein. Jetzt würde ich mich räuspern, würde so gern etwas Nettes sagen, wenn ich könnte. Aber dafür kann ich sie riechen. Herrlich appetitlich riecht sie. Nach frischem sauberen Schnee. Was macht es da schon, wenn sie nur ein Auge hat. Glühend schaue ich zu ihr hinüber und sie schmilzt unter meinem Blick dahin.

„Hör auf, mich so anzustarren." Eisig fallen die gefrorenen Worte zu Boden, graben sich tief in den weichen Schnee.

Ich versuche zu lächeln und forme meine begehrlichen Gedanken zu filigranen Flocken, die federleicht zu ihr hinüber tänzeln. Sie fängt sie geschickt mit ihren steinigen Lippen auf. Neugierig probiert sie jeden einzelnen Buchstaben, schmeckt dessen Leidenschaft und genießt die schmelzende Zärtlichkeit. Ihr Zyklopenauge bekommt einen verträumten Ausdruck. Meine wilden Gedankenflocken vernebeln ihre Sinne...

Ich bin von mir begeistert von meinen magischen Kräften. Bis eben wusste ich nicht, dass ich sie besitze. Könnte ich mir damit auch die Meute zurückwünschen, dass sie aus ihren Häusern stürmt, um mir meinen Traum zu erfüllen?

„Sei doch zufrieden, wie du bist", klirrt es kalt neben mir. Unverständnis liegt in ihrer weißen Winterstimme. „Das Leben ist doch viel zu kurz, um darüber zu lamentieren, ob es anders besser wäre. Nun ist es eben so. Du ohne Mund und ich ein Zyklop." Sie blinzelt mich einäugig an.

Ein wenig beschämt schaue ich auf meinen Kugelbauch. Sie hat recht, schließlich haben wir uns. Sie liebt mich ohne Mund. Hat es mich nicht spüren lassen, dass ich nicht vollkommen bin und ich liebe sie, so wie sie ist – einäugig. Wer ist schon perfekt? Und ich schicke ihr andere Gedanken, heiße Gedanken, gefüllt mit meiner ganzen Liebe. Auf dem Weg zu ihr schmelzen sie einfach dahin und fallen als glühende Herztropfen groß und schwer in den Schnee.

Und plötzlich steht da ein kleines Mädchen. Ich habe sie gar nicht kommen sehen. Blind vor Liebe. Ihre hellblaue Pudelmütze verdeckt das zarte Gesicht, nur ihre rote Nasenspitze ragt heraus und ein lachender Mund. Strahlend hält sie ein glänzendes Kohlestück zwischen den Fingern und macht aus einem Zyklop ein perfektes Gesicht. Ich bin sprachlos über so viel Schönheit, über diese absolute Vollkommenheit neben mir. Darüber vergesse ich meinen innigsten Wunsch. Meine Gedanken purzeln wild durcheinander. Sie stottern und lachen und schicken tausend Küsse zu meiner Schneefrau. Da zaubert dieser kleine Mensch eine Hand voll Kieselsteine aus der Tasche und unter meiner langen Rübennase entsteht der herrlichste Mund, den man sich vorstellen kann. Und ich weiß nicht, warum es in meinen Augen so heiß wird, dass der Schnee augenblicklich schmilzt und wie glitzernde Wasserperlen über meine Wangen kullert.

„Frohe Weihnachten“, flüstert das kleine Mädchen. Liebevoll streicht sie mit ihrer warmen Hand über meinen Kopf.

Frostnacht

Magdalena Ecker

Die Welt entsteigt dem Nebelkleid,
empor zum frischen Tage.
Winterwald, dem Schnee geweiht.
Da, ein Hauch von Ewigkeit,
auf einer gold'nen Waage.

Im Gebüsch und auf den Wegen,
knirscht, verglitzert sacht das Licht.
Wo wir unsre Träume hegen.
Silbertau und Sternenregen.
Flöckchen fallen, dicht auf dicht!

Wie Tempelsäulen, silbrig grau,
leuchten Fichten durch die Nacht.
Umsaust von Winden, scharf und rau,
versinkt die Welt in tiefstem Blau.
Doch die Bäume halten Wacht.

Und der Frost mag allzeit gieren,
nach dem Blut, so rot und heiß.
Soll die Wimpern weiß uns zieren,
nie ins Herz hinein uns frieren,
eh, sich schließt der Lebenskreis.

Winterspaziergang

Andrea Lorenz

Am Eiseshimmel
Hängen Worte
Still verbannt
Denn jeder Laut
Wär viel zu viel

Nur unsere Schritte
Hinterlassen Spuren
Gedankenflocken
Tanzen zwischen uns
Und fallen ungesagt
Auf den verschneiten Weg

Eingereiht
In tiefes Ruhen
Sind jetzt auch wir
Und hoffen
Auf Berührung
Die wärmt
Und irgendwann
Uns wieder
Knospen schenkt

Dezembertag

Edda Gutsche

Wind atmen. Am Morgen
das süß-scharfe Aroma
der Felder schmecken und die Würze
zerriebener Kiefernnadeln.
Schales Seewasser trinken aus der
hohlen Hand des Dezembers.
Hier, wo die Stadt in Gedanken
schon zu Ende ist und der Träume
weites Land unter Schneetüchern ruht.

Apfelbaumkronen am Himmel
und Tannen, ferner mit jedem Schritt.
Schlafende Hütten, gerümpelumstellt,
und nackte Beete hinter den Zäunen...
Durch die Gärten geht das Gestern,
Schulter an Schulter mit dem Heute,
dorthin, wo alles möglich ist,
wo alles schwebt und quillt und treibt,
wie Frühling in jungen Stämmen.

Lebensrhythmen einzubinden

Bernd Pol

ich werd mir durch die erde rillen ziehen
und samen legen einer großen liebe
dass sie den winter überdauert und
stärker noch treibt im kommenden jahr

mein dank soll sie düngen
und freude sie wärmen
und leichter schnee
ihre ruhe decken
dass kein frost
sie erreicht

einstweilen wollen wir winterschlaf halten
eingeschmiegt in wärmende höhlen
unsere träume verfolgen in wahrhaftigkeit

denn das ist was zählt
dieses heutige lieben
und das vertrauen
auf morgen
und unsere saat

Gefühle im Schnee

Monika Mori

Nachts gehen die Gefühle auf die Straße
und lassen sich vom Schnee zudecken
der sie vor der Kälte schützt.

Am Morgen kommen die Menschen
und schieben sie mit Schneeschaufeln achtlos zur Seite.

Zu Mittag formen Kinderhände Schneebälle
werfen Fremden fröhlich die Gefühle zu
und das Eis beginnt zu schmelzen.

Von Mistkübeln und Spitzenwäsche

Cornelia A. M. Schäfer

Wieder war Weihnachten geworden. Wieder. Wie jedes Jahr. Vor ihrem Fenster hatte der Schnee seinen weißen Mantel ausgebreitet. Behutsam hatte er sich auf Bäume und Sträucher gelegt und das Grau der Straße in zauberhaftes Weiß getaucht. Laura liebte Weihnachten. Damals, vor vielen Jahren, hatte diese Zeit ihr Michael geschenkt. Nein, nicht ihren Sohn. Ihren Mann! Damals hatte sie ihn kennengelernt. Wie aufgeregt er war, wie unsicher. Er war längst kein Jüngling mehr, doch seine Hände zitterten wie die eines Primaners, als er erstmals ihre Hand in die seine nahm.

Wie viele Jahre lagen zwischen diesem Moment und heute?

Die gemeinsamen Jahre prägen. Sie stärken, aber sie schwächen auch. Die Jahre hatten über das Besondere, das Einzigartige zwischen ihnen eine feine Staubschicht wachsen lassen. Und viel zu selten pustete das Leben über die Gewohnheit der Jahre hinweg. Viel zu selten wurde der Blick frei für das, was sie wirklich verband.

Entschlossen stand Laura auf. Sie ging an ihren Schreibtisch und holte eines ihrer kostbaren Papiere hervor. Sie hatte immer besondere Papiere in ihrem Schreibtisch.

„Briefpapier hat Persönlichkeit", dachte Laura, „wie Augenblicke. Und wenn man nur genau hinsah, dann entdeckte man die zarten Züge, die sich aus der geheimen Formel der Papierwahl, dem nuancenhaften Farbenspiel und der Formgebung errechnete." Liebevoll strichen ihre Finger über die Papierseiten, wie über die Hand eines guten Freundes.

Laura entschied sich für ein goldenes Blatt. Es war natürlich nicht golden, sondern gelb. Doch der Farbton tanzte auf glänzenden Goldplättchen, die wahrscheinlich unecht eingefärbte Zellulose-Schnipsel waren. Sie hatte das Briefpapier in Florenz gekauft ... damals. Und heute war der Moment, an dem es seiner Bestimmung zugeführt werden sollte. Ja, heute sollte es eine Botschaft überbringen. Eine Wichtige. Eine Weihnachtliche.
Da lag es nun, das Blatt Papier – erwartungsvoll, geduldig und doch ungeduldig abwartend. Laura nahm ihren schwarzen Füller. Schwer lag er in ihrer Hand. Sie legte ihn auf das Blatt und wartete, ließ ihn gewähren und erlaubte ihm Zeile um Zeile zu füllen, gestattete Buchstabe um Buchstabe seinen Weg in die Welt zu finden.

Lieber Michael, begannen ihre Finger Worte zu formen. Heute ist Weihnachten. Ich habe lange nachgedacht, was ich dir schenken könnte. Ein Hemd? Eine Krawatte? Du hast genug davon.
Musik? Einen Film? Ein Konzert? Eine Reise ins Ungewisse? War unser Leben nicht ungewiss genug, in all seiner Gewissheit?

Weihnachten. Das Fest der Liebe. Von allen Wänden hallt mir diese Liebe entgegen. Und ich fühle mich ganz klein neben all den großen Gefühlen und frage mich, ob sie noch zu Gast ist – bei uns. Oder hat die Gewohnheit sie längst verscheucht? Wenngleich vielleicht ist Liebe ja gerade diese Gewohnheit und das Vertrauen in das Vertraute? Was könnte denn größer sein, als die vielen kleinen Augenblicke, die man teilt miteinander – oder zumindest nebeneinander. Wenn es eine Konstante in meinem Leben gibt, bist Du es. Ist das nicht Liebe? Vielleicht trägt Liebe viel öfter Mistkübel und Rohrzangen, als Spitzenwäsche und Rosensträuße. Vielleicht erwarten wir immer zu viel von ihr. Vielleicht erwarten wir zu wenig. Ergeben zwei Hälften wirklich ein Ganzes oder verliert sich das Ganze im Laufe der Jahre in den beiden Bruchstücken? Was meinst du?

Es ist kühler geworden, nicht weil es Dezember wurde und draußen die Nacht um die Kirchturmspitze streicht. Nein, Michael, deshalb nicht. Zwischen uns, hier im Wohnzimmer fröstelt es mich manchmal. Die Sprachlosigkeit tanzt mit der Gewohnheit auf unseren Blicken, die irgendwo im Niemandsland Halt suchen. Woran denkst Du, Michael, wenn du denkst?
Wenn du alleine bist und dich unbeobachtet fühlst, spiegelt sich dann noch mein Lächeln in dem Gesicht hinter deinem Gesicht? Wenn du die Augen schließt, bin ich dann noch die Antwort auf deine Frage? Besteht unser „wir" noch aus fünf Buchstaben? Aus „du" und „ich"? Oder treffen sich unsere Wege nur, weil sie sich kreuzen in unserer Küche oder im Schlafzimmer?

Manchmal sehne ich mich nach dem pulsierenden Leben, das sich auf den kleinen, grünen Sprenkeln deiner Augen wie funkelndes Sonnenlicht in mein Herz stiehlt. Pulsiert es noch, unser Leben. Lebt es noch?

Ich weiß, auch ich bringe zuweilen zu wenig ein. Auch in mir hat sich der Alltag seinen Raum eingerichtet und beansprucht jeden Tag mehr an Platz, wie ein unverschämter, ungebetener Gast. Verzeih mir Michael, jede Geste der Zärtlichkeit, die ich dir vorenthalten habe. Jedes Wort der Wärme und der Dankbarkeit, das ich nicht ausgesprochen habe.

Ich liebe Dich. Das wollte ich dir sagen heute. Nicht nur, weil Weihnachten ist, aber auch deshalb.

Ich liebe dich. Deine Laura.

Sorgsam faltete sie das Blatt Papier und steckte es in das dazugehörige Kuvert. Dann verschloss sie es und hauchte einen Kuss auf den Spitzbogen, der den Brief verschloss. Man sah ihn nicht, aber man fühlte ihn. Dann band sie eine rote Schleife und legte das Kuvert mit einem Zweig duftendem Tannenreisig auf den Fotoband von Florenz.

Der Heilige Abend kam und Laura überreicht das Geschenk Michael. Nachdem er den Brief gelesen hatte, bückte er sich schweigend und nahm seinerseits ein Kuvert und reichte es Laura. Bevor er es ihr übergab, schrieb er unter die Worte „Für Laura" in schwungvoller, vertrauter Schrift: *Tausend Mal JA*

Laura öffnete das Kuvert und zwei Tickets fielen auf ihren Schoß. Zwei Tickets mit dem Reiseziel Florenz...

Kummersilben

Birgit Burkey

Der Winter hält langsam Einzug,
bald werfen Kinder Schneebälle
durch eisgekühlte Luftmassen,
während sich die letzten Blätter
todesmutig in die Tiefe stürzen.

Ich lebe immer noch im Sommer,
werfe Kummersilben aufs Papier,
ziehe Girlandensätze übers Weiß,
erinnere mich an Liebesstunden
in sonnengefluteten Zimmern,

falte beschriebene Papierflieger
und schicke sie auf die Reise –
zu dir.

Adventsmorgen

Luitgard Kasper-Merbach

Ruhe füllt
sich in
meinen Geist.

Mit den Morgenfingern
berühre ich
den Tag,

lege Glanz
auf die Spuren
der Verklärung.

Es träumt sich
mein Herz

zu den Krippen
der Versöhnung.

Weit legen
sich Wege

mit tanzender
Glut.

Winterschlaf

Heike Großmann

Die Erde trägt ein neues Kleid.
Es ist aus weißem Samt.
Erst gestern Nacht hat es geschneit,
verzaubert liegt das Land.

Ganz unberührt ist die Natur.
Sie schlummert unterm Weiß.
Von bunter Pracht fehlt jede Spur.
Blumen blüh'n aus Eis.

Wald und Flur sind zugedeckt.
Sie schlafen tief und fest
und träumen bis der Lenz sie weckt
und feiern dann ein Fest.

Winter

(eine Parabel)
Arno Hildebrandt

Die Jahreszeit nummero vier
erweckte meine Fantasie.
Der Begriff Winter spendet mir
Anregungen zur Poesie:

Ich sehe mich spazieren gehen
durch eine kalte Winterpracht.
Ringsum ist pures Weiß zu sehen -
glitzernde, weiche, kalte Macht.

Farben des Herbstes sind verschwunden
- bedeckt - unfähig, sich zu wehren.
Erstaunt doch habe ich gefunden
leuchtendes Rot von Vogelbeeren.

Schneeflocken tanzen ihren Reigen.
Außer dem Krächzen einer Krähe,
herrscht ein geheimnisvolles Schweigen -
Ahnung der Ewigkeiten-Nähe.

Kälte brennt förmlich im Gesicht;
rot wird es - fast wie Vogelbeeren.
Mein Atem dampft - Dunst, Schicht auf Schicht -
will mich des Daseins Wesen lehren.

Schön ist es, durch den Schnee zu gehen!
Ich hinterlasse eine Spur.
Recht klar und weiß ist sie zu sehen -
doch eine kurze Weile nur.

Adventszeit-Gedanken

Ingrid Herta Drewing

Ach, Herr, wie gerne will ich glauben
der Weihnachtsbotschaft Hoffnungsklang,
mir wünschend, dass die Friedenstauben
beenden Krieg und Tod, erlauben
des Lebens hellen Lobgesang.

Warum, oh Herr, sind wir so blind,
wir Menschen, die wir hasten, eilen?
Du zeigst uns doch, dies schwache Kind,
das in der Krippe liegt so lind,
vermag durch Liebe Leid zu heilen.

So lass uns neu dies Wunder sehen!
Schenk täglich weihnachtlichen Blick,
damit wir Deine Wege gehen,
einander lieben und verstehen,
erkennen klar das wahre Glück!

Winterdunkel

Christina Udwari

Wenn Dochte ganz herunter brennen
und wenn das letzte Wachs zerfließt,
wenn Nacht und Tag sich kaum noch trennen
und spärlich sich nur Licht ergießt,
dann ist es Zeit, selber zu leuchten,
aus sich zu holen jeden Schein.
Die Sterne alle Hilfe bräuchten.
Es ist so schwer, jetzt hell zu sein.

Danksagung

Zunächst danken wir natürlich den Autoren und Autorinnen dieses Bandes, die mit uns ihre Gedanken, Erinnerungen und Hoffnungen geteilt haben. Wieder ist eine einmalige Anthologie entstanden, die vielen Lesern ein paar schöne Lesemomente und Rückbesinnungen bescheren wird.

Besonders danken, möchten wir auch der Dichterin Sigune Schnabel, die uns erlaubt hat, ihren Gedichttitel „Dezemberschnee" als Titel für dieses Buch zu verwenden. Außerdem der wunderbaren und herzensguten Künstlerin Armgard Roehl, deren wundervolle Zeichnungen dieses Buch ergänzen und vervollkommnen.

Danke auch an Lisa Katharina Bechter für die schnelle Hilfe beim Korrektorat und allen Lesern und Unterstützern von SternenBlick.

Über das Projekt

SternenBlick ist ein Projekt, das Mitte 2013 von Poesiebegeisterten initiiert wurde. Ziel ist es zeitgenössische Poesie zu fördern, unter anderem durch sorgfältig erstellte Bücher — sowohl inhaltlich, als auch optisch. Daneben ist der Ansatz der Gemeinnützigkeit eine zentrale Position von SternenBlick. Sämtliche Erlöse, auch von diesem Band, fließen daher einer Organisation zu, die die Spenden ihrerseits an bedürftige Kinder verteilt.

Alle Veröffentlichungen, aktuelle Ausschreibungen und der Spendenstatus sind der Homepage zu entnehmen:

Näher am poetischen Herzen
www.sternenblick.org

Über die Herausgeberin

Die Wahlberlinerin studierte Neuere deutsche Philologie mit Schwerpunkt auf Editionswissenschaft. Derzeit arbeitet sie in einem etablierten Verlag.
„SternenBlick" ist ihr Herzensprojekt, das ihre Leidenschaft für Dichtkunst mit Buchgestaltung vereint.

Inhaltsverzeichnis